As Cinco Leis da Educação Financeira

Victor Lavagnini Barboza

2023

Sumário

Sobre o Autor

Victor Lavagnini Barboza é especialista em finanças, fundador da GFCriativa e co-fundador da Fincatch. Graduado em Gestão Financeira pela Estácio, possui MBA em Gestão de Negócios (USP), Ciências da Decisão (Unissinos) e Investimentos e Blockchain (UniBTA). Possui trabalhos acadêmicos na área de gestão financeira pela Unicamp e pela USP.

Com diversas especializações nacionais e internacionais, é consultor, professor e conteudista de finanças pessoais, finanças empresariais, *fintechs*, economia criativa, psicologia econômica e empreendedorismo.

Introdução

Desde cedo, e por um período considerável de nossas vidas, frequentamos um lugar chamado Escola. É neste local que aprendemos uma série de coisas: ler, escrever, fazer contas de adição, subtração, multiplicação, divisão. Conforme vamos avançando, aprendemos novas matérias, como física, química, geografia, história e biologia. Porém, um dos assuntos mais importantes para possibilitarem um futuro mais próspero, independente da profissão, é deixado de lado na maioria das vezes. Estou falando da Educação Financeira.

No modelo econômico que o mundo existe hoje, basicamente tudo na nossa vida, desde o local em que moramos, a água e a energia que consumimos, o alimento que comemos, o nosso deslocamento e até nossos lazeres acabam, em quase todos os casos, dependendo de um cara chamado “Dinheiro” para poderem existir.

E justamente por possibilitar essas e inúmeras outras coisas, esse cara é almejado e é o sonho de muitos. Mas, por outro lado, apenas ter posse dele pode não significar muita coisa. Caso contrário, notícias como “Ex-ganhador de *reality show* perde tudo o que tem”, “Ex-jogador de futebol vive de favores" jamais existiriam. Porém, não só existem, como também reforçam a importância do bom uso do dinheiro. E é aí que entra a tal da Educação Financeira.

E você pode estar pensando então que a Educação Financeira acaba formando os chamados "mãos de vaca". O primeiro passo a ser tomado é mudar este pensamento. A Educação Financeira busca promover um equilíbrio entre o presente e o futuro. Ou seja, você não precisa cortar todos os gastos atuais, mas é ter um bom controle dos gastos no presente para que, no futuro, o tal cara chamado "Dinheiro" possa cuidar de você.

Conforme você verá no livro, muitas coisas até parecem simples e básicas. E posso te dizer que realmente são, mas apenas na teoria. É na prática que muita gente acaba se desestruturando. Os números tão aí para mostrar isso. Os milhões de inadimplentes no Brasil sabem muito bem que nunca devem gastar mais do que recebem. Mas acabaram fazendo isso, e, agora estão com a árdua missão de reequilibrar as finanças. Portanto, coloque em prática o máximo de coisas possíveis que trarei no decorrer do livro que te garanto que sua vida financeira futura será muito melhor.

Capítulo 1: Como era antes do dinheiro?

Já ouvi pessoas dizendo que o problema da sociedade atual é o dinheiro. "Se o dinheiro não existisse, tudo seria mais tranquilo. Não haveria ladrões. As pessoas seriam menos arrogantes". Mas será mesmo?

Para responder esta pergunta, vamos voltar no tempo, antes do dinheiro existir. A partir do momento que o ser humano deixou de ser nômade e passou a viver em sociedade, cada indivíduo acabou buscando realizar algumas atividades. Uns viviam da pesca, outros da agricultura, alguns de artesanato, e por aí vai. Acontece que, o pescador, por exemplo, para completar a sua refeição, gostaria de ter arroz. E, então, ele buscava trocar o excesso de peixe que tinha com alguém que produzia o arroz. Essa prática da troca é chamada de escambo.

O escambo é definido por ser a forma original e mais básica que o ser humano tem de realizar trocas, sem o envolvimento de moedas ou outros objetos de valor. Porém, alguns problemas aconteciam. O primeiro deles envolve a necessidade de existir uma coincidência de interesse pela troca entre duas partes. Era necessário primeiro que estas partes se encontrassem, e, em seguida, que entrassem em acordo em relação às quantidades. O segundo problema envolvia o transporte e a divisão dos itens a serem trocados. Imagine, por exemplo, uma pessoa que teve um excesso de alface em sua produção e gostaria de trocá-lo por carne de vaca. Porém, o proprietário da vaca, para concretizar a troca, teria, ou que ceder a vaca (e provavelmente receberia muito alface por isso), ou teria que encontrar vários outros interessados para poder fazer o escambo da carne.

Com as operações de escambo acontecendo cada vez mais, era natural que algumas mercadorias tivessem uma demanda maior do que as outras. Isso acabou tornando estes elementos mais utilizados uma moeda de troca. Alguns exemplos destes elementos foram gado, sal, açúcar, novelo e peças de metal. Ou seja, o indivíduo que tinha o alface em excesso poderia trocá-lo por determinada quantidade de sal, e, juntando com o sal de outras trocas, ele poderia leva-lo até o indivíduo da vaca, e, "comprar" a vaca com sal.

Ainda assim, alguns desafios surgiam. Alguns destes elementos eram ruins de serem transportados e fracionados, como por exemplo o gado. Outros eram fáceis de se perder, como o sal. E, no final das contas, o elemento que mais foi se definindo como moeda de troca foram os metais. Porém, muitas vezes, os metais eram barras pesadas ou tinham formas que ainda não eram tão fáceis de se transportar. Foi na Lídia (atual região da Turquia), no século VII a.C que surgiram as primeiras moedas. Elas eram de ouro e prata e fabricadas em processos manuais. As pessoas passaram, então, a acumular moedas em seus lares, para poderem consumir as mercadorias. Porém, isso acabou possibilitando saques e perdas, o que mostrava que acumular todas as moedas em casa não era a melhor opção.

Foi aí que surgiu a figura dos ourives, na Idade Média. Eles eram pessoas que guardavam as moedas, e, como comprovante, entregavam um recibo. Aos poucos, os próprios recibos passaram a ser usados para efetuar os pagamentos. Era a origem do papel moeda.

As sociedades foram evoluindo, e, esse papel mais informal dos ourives, de guardar as moedas e emitir os recibos, passou a ser feito por instituições que foram batizadas de bancos. Na sequência, como já acontecia com as moedas, os próprios governos passaram a controlar a emissão das cédulas, buscando evitar falsificações e garantir o poder de pagamento. Eram os bancos centrais surgindo.

Com o passar dos anos, o sistema e as tecnologias foram ficando mais sofisticados. Bancos passaram a possibilitar transferências, criaram os cheques e, posteriormente, os cartões. Hoje, já vemos que boa parte das transações envolvendo o dinheiro são digitais, seja por meio dos cartões, transferências, boletos, pagamento com o celular e até criptomoedas.

Vemos, na história da humanidade, que do escambo chegamos hoje no dinheiro digital. Porém, seja em um seja em outro, a essência é a mesma: uma forma de possibilitar a troca de bens e serviços. Surgiram os empregos e os salários, que passaram a remunerar cada indivíduo pelo seu esforço de trabalho. Remuneração justamente entregue na forma de dinheiro.

Ou seja, de uma forma ou outra, o dinheiro sempre existiu em nossa história. Então, não podemos culpá-lo pelos nossos problemas. Ao invés disso, devemos buscar uma boa forma de lidar com ele. Estamos falando da essência da Educação Financeira.

Capítulo 2: Dinheiro: movido pela razão ou pela emoção?

Há alguns anos, em 2014, quem mora no estado de São Paulo se deparou com uma situação muito delicada. A água começou a faltar! Pois é, no Brasil, um país cheio de rios e que até então parecia ter água em abundância, teve o seu principal estado, economicamente falando, sentir a falta da água. Houve racionamento, torneiras estavam secas, e, o Cantareira, que sempre era considerado uma verdadeira paisagem natural, secou. Percebeu-se então, a importância da conscientização do uso da água, pois trata-se de um recurso finito.

Da mesma forma como muita gente via a água como um recurso abundante, que nunca acabava, o mesmo acaba acontecendo com o dinheiro. Ver uma conta com aquele monte de dígitos pode causar uma impressão que ele nunca irá acabar. Porém, como já trouxe, existem inúmeros casos de pessoas que tinham muito dinheiro, e em questão de pouco tempo, acabou torrando tudo.

Essa evolução do dinheiro que vimos no capítulo anterior também, de certa forma, acaba contribuindo para a sensação de que o dinheiro é infinito. Quando estamos com o cartão, estamos com um mero pedaço de plástico, que, não nos mostra o quão cheia a nossa conta está. Então acabamos pagando as contas e não vendo para onde o dinheiro está indo e quanto está sobrando. E para aumentar ainda mais o desafio, surge a ideia da Contabilidade Mental, capaz de nos iludir ainda mais.

De acordo com os estudos de Thaler, as nossas contas mentais não fecham, justamente por serem feitas na nossa cabeça, e não numa calculadora. Dessa forma, não temos um controle efetivo do nosso orçamento, aproximações são feitas, e, fica uma ideia de que "cabe tudo no orçamento". Trata-se de um conceito estudado pelo economista norte-americano Richard H. Thaler, pesquisador do campo da Economia Comportamental.

Pois é! Economia e Comportamento numa mesma expressão. A Economia Comportamental é uma disciplina relativamente nova que acabou mudando a forma como a Economia explicava a relação do ser humano com o dinheiro. Até então, dentro da teoria econômica, a figura que ilustrava a relação do ser humano com o dinheiro era chamada de homo economicus. Trata-se de um indivíduo racional, que sabe identificar suas preferências e consegue processar todas as informações disponíveis, e, mais do que isso, faz todas as escolhas embasado na razão. O homo economicus tem como missão maximizar os benefícios e minimizar os custos.

Mas será mesmo que o ser humano é esse ser totalmente racional quando o assunto é dinheiro? Foi justamente esta indagação que fez algumas pessoas começarem a desenvolver pesquisas. E foi assim que surgiu a Economia Comportamental. Basicamente ela uniu as descobertas da psicologia com a economia para criar novos modelos que explicam de maneira mais realista as escolhas dos indivíduos.

As primeiras pesquisas começaram a partir de 1950. Herbert Simon desenvolveu a ideia da "racionalidade limitada", mostrando que nossa mente não consegue solucionar problemas dentro dos padrões exigidos por um comportamento economicamente racional.

Mas a grande marca para o fortalecimento da Economia Comportamental se deu na década de 1970. Nesta época, psicólogos cognitivos passaram a estudar o processo de decisão e comportamento dos indivíduos. E foi no final da década de 70 foi desenvolvida a Teoria da

Perspectiva, dos psicólogos Daniel Kahneman e Amos Tversky, um dos mais importantes estudos da área.

Na Teoria da Perspectiva, Thaler e Tversky, mostraram que as pessoas tomam decisões mais baseadas em potenciais valores de perdas e ganhos do que no resultado final. A perda, por sua vez, acaba tendo um impacto emocional muito maior do que um ganho equivalente. Também foi apresentada a definição de heurísticas, que representam formas simplificadas de se realizar julgamentos e tomar decisões em situações de incerteza. As heurísticas podem acabar levando a erros sistemáticos, chamados de vieses cognitivos, que podem prejudicar, no final das contas, nossas decisões.

Daniel Kahneman, que acabou ganhando o Prêmio Nobel de Economia em 2002, em razão deste estudo, lançou um livro chamado "Rápido e Devagar: Duas Formas de Pensar", no qual explica como tomamos nossas decisões, de acordo om dois modelos diferentes, batizando-os de Sistema 1 e Sistema 2. O Sistema 1 é o sistema movido pela emoção, sendo mais rápido, intuitivo, automático e inconsciente. O Sistema 2, por sua vez, é movido pela razão, sendo mais lento, deliberativo e lógico.

O Sistema 1 armazena o conhecimento na memória, utilizando-o para a realização de atividades comuns do nosso dia a dia, como fazer contas simples, escovar os dentes e andar de bicicleta (todas elas atividades mais automáticas e que podem até ser involuntárias). Já o Sistema 2 é ativado para ações que requerem mais atenção, como por exemplo resolver problemas matemáticos mais complexos ou fazer uma prova. Neste caso, a concentração é extremamente necessária. Assim, quem está "ligado" o tempo todo é o Sistema 1. O Sistema 2 fica em stand-by, e só é ligado quando exigido. Justamente por isso, muitas das nossas escolhas acabam sendo feitas pela emoção, e não pela razão.

Um outro pesquisador que serviu de grande influência para os estudos de Kahneman foi Richard Thaler (sim, o mesmo da Teoria da Contabilidade Mental). Thaler, em seus estudos, criou duas personagens: os Econos e os Humanos. Os Econos, seres idealizados, são justamente o tal do homo economicus, aqueles que agem estritamente dentro do que prevê a economia, seres super racionais. Os Humanos são os indivíduos no mundo real, seres endividados, que gastam mais do que ganham e que caem em pegadinhas.

Desde lá Thaler focou seus estudos na Economia Comportamental, e acabou também recebendo o Prêmio Nobel de Economia, em 2017, justamente com a Teoria da Contabilidade Mental. Além de Kahneman e Thaler, também temos outro pesquisador da Economia Comportamental condecorado com o prêmio Nobel de Economia, em 2013. Trata-se de Robert Shiller, pela sua análise empírica de preços de ativos financeiros.

Portanto, assim como foram feitas campanhas de conscientização para o uso correto da água, algo similar deve ser feito com o dinheiro. O dinheiro mais do que deve ser usado de forma consciente, caso contrário, será movido pelas nossas emoções, e isso trará grandes chances de nos embolarmos. E quem é responsável por trazer essa conscientização é justamente a Educação Financeira!

Capítulo 3: E por que usar leis?

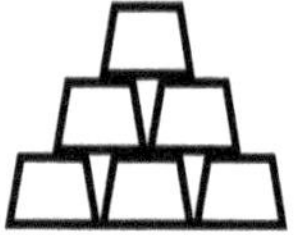

As leis são, nada mais nada menos, regras criadas para regular comportamentos. Elas foram (e são) definidas visando definir como deve ser a conduta do cidadão, prezando pela moral e pelos bons costumes. Por exemplo, as leis de trânsito foram criadas de forma a evitar a má conduta dos motoristas, possibilitando um ambiente melhor.

Chamaremos estas leis de leis humanas. Elas são estabelecidas pelos governos, justamente com o objetivo de criar padrões de comportamentos. Não cumprir alguma das leis significa que o indivíduo está agindo fora do esperado, o que quase sempre acaba gerando uma consequência, como uma ação educativa, uma advertência, uma multa ou até a prisão

Mas não é só no aspecto social que as leis existem. Lembra das aulas de física? Mesmo que esta lembrança esteja enterrada em algum lugar, em algumas das aulas você deve ter aprendido sobre as três leis de Newton.

Neste caso, estamos falando de leis da física, ou também leis naturais. Este tipo de lei é um enunciado de uma verdade científica. Elas acabam sendo formadas por um enunciado, que é uma espécie de conhecimento sugerido por ocorrências sistêmicas de mesma natureza, com relação a alguma teoria.

Apesar de se referirem a contextos diferentes, as leis humanas e as leis da física acabam tendo alguns pontos em comum. O primeiro deles é que elas acabam trazendo a ideia do padrão. Nas leis humanas, é a ideia de criar um padrão de comportamentos. Nas leis da física, boa parte delas tenta, justamente, explicar o padrão de comportamento, de partículas e fenômenos.

Outro ponto similar que os dois tipos de leis apresentam é a questão dos princípios fundamentais. Nas leis humanas, temos como um dos princípios mais importantes o de que todos os cidadãos são iguais perante as leis, independente do sexo, raça ou religião. No caso das leis da física, um dos principais fundamentais é o da conservação de energia. Ele diz que em todos os processos físicos, químicos e biológicos, a energia se mantem constante, perante todas as transformações. Em ambos os casos fundamentais, tanto no princípio da igualdade quanto no princípio da conservação de energia, outras leis acabaram se derivando.

Apesar das semelhanças, as leis humanas e leis da física acabam tendo suas particularidades. Por exemplo, as leis da física não podem ser revogadas como acontecem com as leis jurídicas. É possível aquelas não sejam mais válidas, trazendo novas leis. E, claro, a principal diferença é que as leis humanas, como o próprio nome já diz, são criação dos seres humanos, enquanto as leis da física, apesar de serem enunciadas por seres humanos, são apenas descrições de fenômenos da natureza.

No caso das finanças, os países possuem diversas leis que dizem a respeito do sistema financeiro. Estas leis, em muitos casos, acabam sendo agrupadas e pertencem aos Sistemas Financeiros Nacionais.

No Brasil, o Sistema Financeiro Nacional (SFN) teve início com o artigo 192 do Código Civil. Ele é dividido em três subsistemas: Normativo, Supervisor e Operadores. O Subsistema Normativo é formado pelo Conselho Monetário Nacional (CMN), que é responsável por determinar as regras gerais para o bom funcionamento do sistema. O Subsistema Supervisor possui entidades como o Banco Central (BACEN) e a Comissão de Valores Mobiliários (CVM), que trabalham para que os integrantes do SFN sigam as regras. E o

Subsistema dos Operadores é composto pelas instituições que ofertam os serviços financeiros.

Estas leis e normas acabam tendo um aspecto mais regulatório e de punir quem não está adequado a elas. Vamos dizer que elas possuem uma relação maior com as leis humanas. O que desenvolverei ao longo deste livro são leis mais relacionadas aos comportamentos naturais dos seres humanos de sua relação com o dinheiro. E, com base em alguns comportamentos, farei um paralelo com algumas leis da física buscando enunciar leis que visam contribuir com a Educação Financeira de cada indivíduo.

Capítulo 4: Primeira Lei da Educação Financeira: A Lei do Equilíbrio

Conforme trouxe no capítulo anterior, a ideia a partir de agora é de enunciar leis que visam ajudar os indivíduos a se relacionarem melhor com o seu dinheiro. E todas as leis terão como base leis e princípios já existentes na física.

Dessa forma, o conceito físico da primeira lei da educação financeira é baseado no conceito de Equilíbrio. Este conceito é muito explorado pela Primeira Lei de Newton. Basicamente, o equilíbrio é o estado que é estabelecido quando a soma das forças que agem sobre um corpo é nula.

Para ilustrar, vamos pensar num brinquedo muito tradicional: a gangorra. Este brinquedo possui variações de materiais, mas nada mais nada menos é uma máquina simples formada por uma tábua longa e estreita, apoiada no centro sobre um elemento que permite que ela se mova para cima e para baixo.

Quando duas pessoas de pesos diferentes brincam na gangorra, a mais pesada fica para baixo e a mais leve fica para cima. Porém, num cenário de pessoas de mesmo peso, a gangorra acaba fazendo com que ambas fiquem no mesmo nível, num cenário de equilíbrio horizontal. Qualquer força aplicada por um dos lados acaba tirando este equilíbrio.

Saindo da física, vamos ao paralelo com o mundo das finanças. Em um dos lados desta gangorra vamos colocar a soma dos gastos de uma pessoa. No outro lado, colocaremos a soma das receitas. Assim como na brincadeira da gangorra, caso a soma dos gastos seja a mesma que a soma das receitas, veremos uma gangorra no equilíbrio. Caso um dos lados seja maior que o outro, o cenário de equilíbrio horizontal se perderá.

Se o lado da soma das receitas for maior, temos um cenário favorável, que podemos chamar de "desequilíbrio positivo". Agora, caso o lado dos gastos seja maior, aí sim temos um cenário negativo, que chamaremos de "desequilíbrio negativo", sendo este o estado que devemos evitar ao máximo. Dessa forma, a meta para as pessoas deve ser de pelo menos estar no cenário de equilíbrio. Assim como vimos nas leis da física e nas leis humanas, vamos chamá-lo de estado fundamental.

Assim podemos, então, enunciar a Primeira Lei da Educação Financeira: "O estado fundamental de educação financeira é o estado de equilíbrio, ao qual a soma dos gastos é igual a soma das receitas. Deve-se evitar ao máximo o desequilíbrio financeiro negativo, no qual a soma dos gastos é maior do que a soma das receitas".

Na teoria, esta lei parece algo tão simples quanto uma conta de adição ou subtração. Porém, é justamente na prática que está o desafio. Para superar este desafio, é muito importante trabalhar em cima da contabilidade mental. Saiba comparar o lado dos gastos com o lado das receitas, pois o que acontece é que muitas vezes olhamos eles de uma forma pontual. Para isso, busque ter controle financeiro, anotando em algum papel, planilha o aplicativo, tudo que você gasta e tudo o que você recebe.

Tanto o controle quanto o planejamento financeiro são duas coisas que ajudam, e muito, quem busca pelo menos encontrar o estado de equilíbrio. O controle funciona até certo ponto, pois ele mostra quanto foi gasto e recebido em cada coisa, porém, em conjunto com ele, é muito importante ter um planejamento financeiro, no qual será criado um orçamento que ajudará você a dar limites para cada gasto.

Aqui funciona muito bem a ideia dos potinhos ou envelopes. A partir dos seus recebimentos, defina o valor de quanto vai para cada categoria de gasto, os seus "potinhos financeiros". Por exemplo, uma pessoa que recebe R$ 1.000, pode definir que desta receita R$ 500 vai para as contas básicas (moradia, transporte e alimentação), R$ 300 vai para quitação de dívidas e R$ 200 vai para gastos extras.

Muitas vezes, o dinheiro que entra não é suficiente para cobrir todos os gastos, dessa forma, para buscar o estado de equilíbrio, você pode buscar fontes de renda extra. Ter um único salário em contraste com aquele monte de gastos pode ser o motivo de você não estar conseguindo ficar no cenário de equilíbrio. Buscar aumento é sempre válido, mas muitas vezes não é alcançado. Por isso, em paralelo a sua principal fonte de renda, busque outras alternativas de dinheiro entrando na sua conta: venda de alimentos, artesanatos e coisas usadas, trabalhos de freelancer.

Mas também, no cenário do desequilíbrio negativo, você pode (e deve) não só mexer no lado da gangorra representado pelas receitas, mas também atuar em cima do lado dos gastos. Para isso, você deverá buscar cortar alguns dos seus gastos. Qualquer centavo economizado, que a princípio, individualmente pode parecer uma economia que não fará diferença, quando analisado ao longo do tempo, pode representar uma longa economia. Confira alguns exemplos abaixo:

- **Tarifa Bancária:** você pode economizar cancelando a cesta de serviços da sua conta bancária, ficando com uma conta de serviços essenciais ou optando por uma conta digital. Uma pessoa que paga R$ 15 por mês neste tipo de tarifa, sem considerar reajustes, economizará R$ 180 em 1 ano, R$ 900 em 5 anos e R$ 5.400 em 30 anos.

- **Anuidade de cartão de crédito**: na mesma linha das contas digitais, já existem várias opções de cartão de crédito sem anuidade. Uma pessoa que opte em substituir um cartão de crédito com parcela de anuidade de R$ 9 estará economizando R$ 108 em 1 ano, R$ 540 em 5 anos e R$ 3.240 em 30 anos.

- **Juros**: os juros funcionam como um aluguel pelo uso do dinheiro de um terceiro. No mercado financeiro, existem diferentes tipos de crédito, como o cheque especial, empréstimo pessoal e os financiamentos. Cada linha de crédito acaba tendo uma faixa de taxa de juros, calculada em função dos riscos da operação. A taxa também acaba variando de instituição para instituição. Portanto, é possível economizar com taxa de juros. O melhor cenário, obviamente, é não ter gastos com eles, porém, no caso dele estar presente, busque negociações e compare as taxas entre linhas de crédito e instituições, a fim de encontrar as melhores condições.

- **Alimentação fora de casa**: trata-se de uma categoria que, muitas vezes, quando o gasto é visto individualmente, ele não parece ser tão expressivo comparado ao montante total dos gastos, porém, quando você somar todos os gastos de alimentação fora de casa e até os gastos com alimentação pelos aplicativos de entrega, você poderá se surpreender.

- **TV por assinatura e serviços de streaming**: se você assina algum pacote de TV, verifique quanto você realmente usa do serviço e quais canais você costuma assistir. É muito comum pessoas pagarem por um determinado pacote, mas praticamente não assistirem. Busque então reduzir, ou até cancelar o pacote. E fique atento também na época de renovação do contrato, vale a pena negociar com a operadora, porque sempre tem algum pacote mais novo com preços e condições melhores. Nos streamings, a cada mês acaba surgindo uma nova opção. É mais um caso em que os preços das assinaturas mensais parecem nem fazer cosquinhas no total dos gastos mensais, porém, muitas vezes a pessoa pode ser ver assinando vários destes serviços, e no final das contas, não usufruir de boa parte deles. Já estará sendo um "desperdício" mensal, e, quando somado ao longo do tempo, pode representar um valor bem considerável.

- **Supermercado e compras**: supermercado e compras em geral acabam sendo gastos variáveis que, se não planejados, acabam sempre nos levando a gastar mais do que deveríamos. É por isso que em ambos os casos é fundamental fazer a lista de compras, pesquisar preços, aproveitar promoções e ter um orçamento definido.

- **Transporte**: cada vez mais, por conta do crescimento das cidades, estamos necessitando dos meios de transporte para nos locomover. Em boa parte das cidades, existem várias formas de se locomover: carro próprio, táxi, aplicativos, transporte público, bicicletas. Avalie qual a melhor opção para você, e, caso seja possível, busque formas de economizar. Se você usa os aplicativos de transporte, busque cupons de desconto, verifique como os preços variam ao longo dos horários, compare o preço entre os aplicativos. Se você usa seu carro, busque as melhores opções de custo-benefício em relação ao combustível usado (não é porque o álcool é mais barato que significa que ele será o mais econômico, entra nesse cálculo a questão do desempenho também), seguro contratado, serviços de pedágio.

O orçamento, também conhecido como planejamento financeiro, é uma ferramenta que pode te ajudar no controle destes gastos. Veja abaixo um exemplo:

Categoria do Gasto	Prioridade	Quanto gasto hoje?	Quanto deveria gastar?
A	Alto	R$ 1.000	R$ 800
B	Médio	R$ 500	R$ 400
C	Baixo	R$ 150	R$ 50
TOTAL		**R$ 1.650**	**R$ 1.250**

Compare sempre o valor total dos seus gastos atuais com a sua renda, para alcançar, pelo menos, o equilíbrio. Claro que economizar é algo muito válido, pois o dinheiro que "sobra" poderá ser utilizado para poupar e investir.

No exemplo acima, vemos que mensalmente pode haver uma economia de R$ 400. No ano, isso dá R$ 4.800. Em 5 anos são R$ 24.000. E, se este valor for investido, o poder do rendimento fará ele ser ainda maior, podendo ser usado para a realização dos seus sonhos e metas.

Para qualquer gasto que você for ter, busque sempre ligar o sistema 2, o racional. Caso contrário, acabamos deixando o sistema 1 tomar as decisões, irracionais e movidas pela emoção.

Um dos caminhos de "ativar" o sistema 2 é pensar sempre no seu poder de compra. Levante quanto você ganha, em média, por mês e divida este valor pela média de horas que você trabalha mensalmente. Na hora que for comprar algo, calcule quanto tempo do seu trabalho o que você está querendo comprar custa.

Por exemplo, uma pessoa que ganha R$ 2.500 por mês e trabalha em média 160 horas, tem uma hora de trabalha remunerada em R$ 15,62. Digamos que essa pessoa esteja em dúvida se compra ou não um computador que custa R$ 3.500. Se fizer as contas, essa pessoa verá que o custo, em horas, é de 224 horas. Caberá a ela julgar se vale a pena.

Um outro caminho, na hora de comprar algo, é responder algumas perguntinhas:

1) **Eu Quero?**
2) **Eu Mereço?**
3) **Eu Posso?**
4) **Eu Devo?**

Se você responder SIM para todas, a compra é válida. Agora, se você responder NÃO para alguma delas, o racional já está te sinalizando que não é o melhor momento para a compra.

Lembre-se que tudo isso é um exercício para pelo menos alcançar o cenário de equilíbrio financeiro. Como já disse, a ideia não é tornar ninguém um “mão de vaca”, mas sim, ter as finanças equilibradas de forma a possibilitar que os gastos mensais possam ser pagos e que um dinheiro esteja sendo guardado para projetos futuros!

Capítulo 5: A Segunda Lei da Educação Financeira: Lei da Entropia Financeira

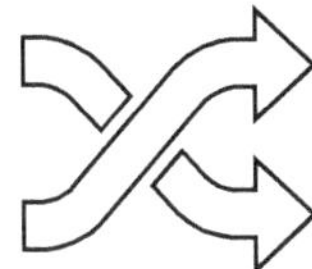

Primeira lei da Educação Financeira definida, vamos agora para a Segunda. Desta vez, da física, trago o conceito de Entropia, que é definida como uma grandeza física (está relacionada com a Segunda Lei da Termodinâmica) que mensura o grau de irreversibilidade de um sistema, mostrando que o estado natural das coisas é a desordem. Ou seja, a entropia é a medida do grau de bagunça de um sistema.

Para ilustrar melhor este conceito, vamos imaginar três potes, um com bolinhas azuis, outro com bolinhas vermelhas e o terceiro vazio. Pegamos o pote vazio e colocamos por baixo todas as bolas azuis e todas as bolas vermelhas por cima. Neste primeiro momento, as bolas ficam separadas e organizadas pela cor.

Na sequência, o pote é balançado, o que faz com que as bolas comecem a se misturar e perder toda a ordem. Mesmo continuando a balançar, é muito improvável que as bolas voltem a ficar naquele estado inicial, ordenadas. Isso mostra que a tendência natural é o aumento da desordem do sistema, ou seja, o aumento da entropia.

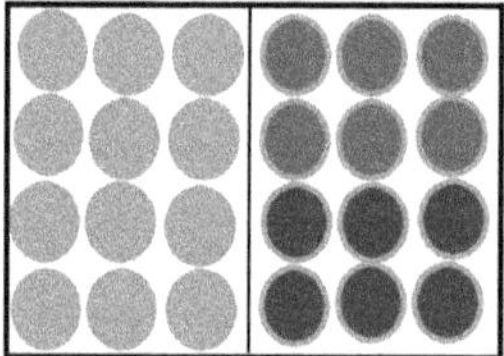
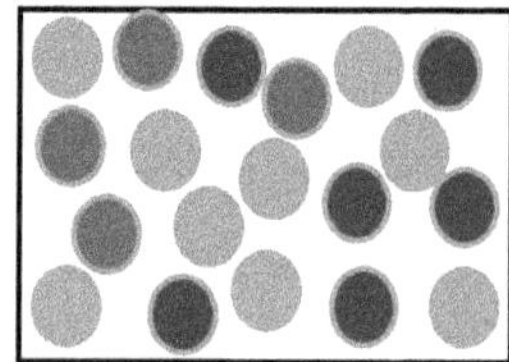

E o que as bolinhas têm a ver com o dinheiro? Tudo! Assim como os gases e os líquidos estudados na termodinâmica, a tendência natural do dinheiro é a desordem. Se não criarmos algo que force e trave o sistema ordenado, naturalmente a bagunça chega.

Um cenário muito comum que ilustra isso é no empreendedorismo. No começo do negócio, por conta de ainda não ter um CNPJ, por conta das burocracias ou até por conta da falta de educação financeira e empreendedora, muitos empreendedores acabam misturando o dinheiro do negócio com as finanças pessoais. Recebe tudo na mesma conta, paga tudo com o mesmo cartão, não possui controle. Isto, naturalmente leva ao cenário da bagunça financeira. E conforme o tempo vai passando, a bagunça só tende a aumentar, sendo cada vez mais difícil reordenar as contas.

Para evitar este cenário, é ideal que existam contas e cartões separados, e, principalmente, controles financeiros distintos. Tenha um caderninho, uma planilha ou um aplicativo para o controle das suas finanças pessoais e um caderninho, uma planilha ou um sistema para as finanças do negócio. Mesmo que você tenha que fazer aportes ou retiradas, tudo deve ser registrado.

E isso não deve ser exclusividade para os empreendedores. O dinheiro, em qualquer cenário, tem como tendência natural a desordem. Para evitar isso, tenha os controles e mecanismos necessários para sempre mantê-lo organizado.

Dessa forma, definimos então a Segunda Lei da Educação Financeira: "A Entropia Financeira é a tendência natural que o dinheiro tem de ficar bagunçado. Para evitar este cenário, tenha controles e mecanismos que auxiliem você a manter o seu dinheiro em ordem".

Capítulo 6: A Terceira Lei da Educação Financeira: Lei da Transformação

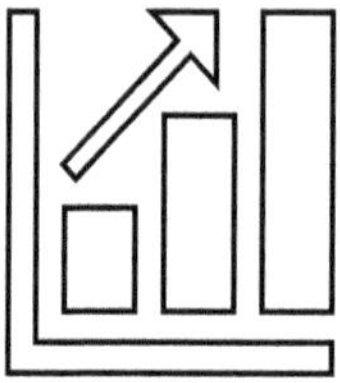

A Terceira Lei da Educação Financeira foi baseada em um conceito muito explorado nas aulas de química. Estou me referindo à Lei de Conservação de Massas, que também é conhecida por Lei de Lavoisier, em homenagem a Antoine Laurent Lavoisier, seu criador.

Para chegar nesta lei, Lavoisier fez várias experiências nas quais pesava as substâncias antes e depois da reação. O que ele foi verificando era que a massa total do sistema permanecia a mesma, enquanto a reação ocorria em um sistema fechado. Por exemplo, Lavoisier estudava o processo de solidificação da água, na qual a água líquida era resfriada e se formava gelo. O que ele verificou foi que a soma da massa de água líquida era igual à soma da massa de gelo.

Foi destes estudos que Lavoisier enunciou a frase "Na Natureza nada se cria e nada se perde, tudo se transforma".

Quando olhamos as finanças, a ideia é basicamente a mesma. Sempre há um lado que paga e um lado que recebe. O dinheiro circula neste aspecto, não se cria dinheiro do nada. Como o dinheiro circula na economia? Basicamente, um produto ou um serviço são feitos, e, em troca dos recursos e da mão de obra envolvida, o lado comprador "troca" por dinheiro. E este dinheiro que o indivíduo tem é justamente fruto de alguma outra "troca" que ele fez, por exemplo o salário, que é a "troca" das horas de trabalho.

No mundo dos investimentos, isso fica ainda mais visual. Por exemplo, na chamada Renda Fixa, que envolve investimentos como Caderneta de Poupança, Tesouro Direto e vários títulos bancários, o conceito sempre tem um chamado agende superavitário (aquele que tem dinheiro) e um agente deficitário (aquele que está buscando dinheiro). O agente superavitário, também conhecido como investidor, aplica seu dinheiro em alguma instituição financeira e esta repassa o dinheiro para o agente deficitário. Este último, que tomou o empréstimo, devolve o dinheiro que recebeu, ao longo de um período determinado, e, acaba pagando junto com este valor um aluguel, que são os juros.

Ou seja, o dinheiro não é criado, mas sim repassado de um lado para o outro, com um bônus para quem cedeu o dinheiro. E, no mercado financeiro, utiliza-se os juros compostos, também chamados de juros sobre juros. Ao contrário dos juros simples, que são calculados sempre em relação ao valor inicial, nos juros compostos o cálculo é sempre em cima do saldo anterior, o que aumenta a aplicação inicial de forma exponencial. Assim, o investidor acaba recebendo cada vez mais em função do tempo. É a transformação do dinheiro ao longo do tempo.

No mercado de ações, também vemos que o dinheiro não é criado. No chamado mercado primário, as empresas captam recursos de investidores em troca das ações, que representam a menor fração do capital social do negócio. No mercado secundário, os investidores negociam entre si, sempre existindo um lado querendo comprar as ações e o outro lado querendo vender. O preço destas ações é justamente definido em função da relação de oferta e demanda. Quando muito mais gente quer vender do que comprar, a tendência é que o preço da ação caia. E quando há mais pessoas querendo comprar do que vender, a tendência é que o preço suba.

Mas repare, que apesar dos ganhos ou perdas de capital que podem ocorrer neste mercado, sempre há um lado comprando e o outro vendendo. Não há criação de dinheiro, mas sim sua transformação.

Isto mostra que existe toda uma lógica por trás dos investimentos. Porém, tentando "quebrar" qualquer lógica que existe, surgem alguns esquemas chamados de Pirâmides Financeiras. Estas são definidas como um modelo comercial previsivelmente não sustentável, que depende basicamente do recrutamento progressivo de outras pessoas para o esquema, a níveis insustentáveis.

A grande falha é que não há benefício final: o dinheiro simplesmente percorre a cadeia, e, somente os idealizadores, ou o topo da pirâmide, ganham. E, o que há de comum em todos os esquemas de pirâmide é a forma como são apresentados aos indivíduos. Sempre é mostrado que aplicando um valor inicial, que pode ser baixo, é possível ter ganhos elevadíssimos e em curto prazo. E ainda mais, é anunciado com "risco zero".

Ou seja, além de ser algo que dá a sensação que cria dinheiro, é algo ainda que vai contra uma das principais relações do dinheiro: a relação Risco x Retorno. O risco é definido como a probabilidade de o retorno efetivamente ocorrido em um investimento ser diferente do retorno previamente esperado. Dessa forma, a relação mostra que quanto maior o risco de um determinado investimento, maior o retorno esperado, e vice e versa.

Por exemplo, quem busca menores riscos, acaba tendo menores retornos esperados, o que é característica, por exemplo da Renda Fixa. Já quem busca maiores retornos, deve estar disposto a correr maiores riscos, como é o que acontece, por exemplo, no mercado de ações.

Esta relação mostra que além de não existir o "risco zero", para ter retornos maiores, necessariamente os riscos deverão ser mais altos, o que mostra que a promessa das pirâmides financeiras vai totalmente na contramão disso.

Assim, podemos enunciar a terceira lei: "Não se cria dinheiro, mas sim transforma-o". Entender este conceito ajudará qualquer investidor a tomar melhores decisões e se prevenir de cair em pegadinhas.

Capítulo 7: A Quarta Lei da Educação Financeira: Fator de Segurança Financeiro

A quarta lei da educação financeira foi inspirada não em uma lei da física, mas sim em um conceito muito utilizado na engenharia: o fator, ou coeficiente, de segurança.

Engenheiros projetam o que querem construir, seja um edifício ou uma máquina, e, no projeto, são feitos cálculos considerando a carga e a resistência dos materiais. Todo material possui um limite de tensão, chamado de resistência máxima. Quando o material chega neste valor de tensão, ele acaba sofrendo a deformação permanente.

Dessa forma, para evitar a deformação permanente ou a ruptura de um material, os coeficientes de segurança são usados para obtenção de um desempenho seguro.

Por exemplo, um engenheiro civil tem um projeto para construção de uma ponte. Ele faz os cálculos para definição das medidas e dos materiais. Num mundo ideal, estes materiais não possuem imperfeições e não existem interferências externas. Porém, no mundo real, ambos os casos podem acontecer, e, justamente contando com isso, o engenheiro joga uma margem de segurança em cima das medidas. Ou seja, ele nunca usará as medidas no limite extremo, mas sim, sempre trabalhará com uma folga.

Nas finanças, utilizaremos este conceito do fator de segurança na hora de fazer as contas de quanto se gasta ou quanto se recebe. Começando pelos gastos, já vimos que, como traz a psicologia econômica, na maior parte do tempo temos o nosso sistema 1, muito mais intuitivo, tomando as decisões. E, até por estratégia, sabemos que os preços das coisas nunca são redondinhos. No supermercado, é muito raro ver produtos custando R$ 5 ou R$ 10, mas sim R$ 4,79 e R$ 9,99. Isso faz com que guardar os números e fazer contas com eles seja muito mais complexo do que parece, necessitando muito mais do sistema 2.

Estes preços quebrados são colocados lá nas prateleiras de propósito. O chamado efeito dígito esquerdo é explicado pela psicologia econômica como um viés que faz com que as pessoas considerem, intuitivamente, apenas o número antes da vírgula que compõem um preço. Ou seja, R$ 1,99 é visto como R$ 1, ou, algo muito comum é uma pessoa comprar algo que custe R$ 49,90, e, quando perguntada depois sobre quanto gastou, a pessoa dizer R$ 40. Inconscientemente estamos arredondando para baixo.

Parece mentira, não é? Mas a Gumroad fez um estudo em suas lojas diminuindo um centavo em alguns produtos com preços redondos. Por exemplo, produtos que custavam $ 10 passaram a custar $ 9,99. O resultado foi um aumento expressivo em todos os produtos, sendo que em alguns casos, o número de vendas chegou até a ser duas vezes maior. O consumidor tinha a sensação de estar gastando menos que realmente estava gastando, por estar usando o efeito dígito esquerdo.

Além deste efeito, há também outros dois fatores consideráveis. O primeiro fator é que números quebrados são muito mais difíceis de serem lembrados. Ou seja, você vai um mês no supermercado, vê aquele monte de preço quebrado. Se não anotar, é muito difícil voltar no mês seguinte e lembrar qual era exatamente o preço anterior. O segundo fator, como já disse, é que as contas com preços quebrados são muito mais difíceis de serem feitas de cabeça, logo, ou a pessoa arredonda os números para fazer as contas (muitas vezes, como vimos, arredondado para baixo, acumulando o erro) ou precisa pegar uma calculadora, algo que o sistema 1 não é tão fã.

Pense num carrinho de compras, com as dezenas de itens. Imagine você arredondando tudo para baixo. Aquela diferença do preço real com o preço arredondado que parecia pequena entre cada produto, quando acumulada para todos os produtos, pode resultar numa grande diferença.

Para evitar essa diferença, que pode atrapalhar, e muito, o planejamento financeiro, usaremos aqui a ideia do fator de segurança positivo. Em outras palavras, a ideia é que para os gastos, nos cenários de dúvida ou de fazer "contas rápidas", os valores sejam sempre arredondados para cima. Isso faz com que a pessoa, na hora de fazer as contas, considere que gasta mais do que realmente gastou, e não o contrário, gerando uma folguinha. A pessoa que gastou R$ 49,90 e que não se lembra exatamente quanto gastou, deve considerar que gastou R$ 50, e não "uns R$ 40" ou "R$ 40 e pouco".

Já no caso de entrada de dinheiro, a ideia é trabalhar com o fator de segurança negativo. Neste caso, quando houver dúvida de quanto se recebe, a ideia é fazer a conta arredondando para baixo, ou seja, considerando que se recebe menos do que realmente ganhou.

É muito comum indivíduos que fazem considerações erradas sobre seus salários. Vamos dizer que uma pessoa tenha um salário de R$ 1.989. Muita gente diria que recebe uns R$ 2.000. Primeiro ponto é que já sabemos que R$ 1.989 não é R$ 2.000. Mais do que isso, é preciso ver qual é o salário bruto e qual é o salário líquido. Se a pessoa tiver salário bruto de R$ 1.989, ela não recebe esse valor integral, visto que uma parte fica nos encargos. Ou seja, na hora de fazer as contas, é importante que essa pessoa considere o salário líquido, que é o quanto ela realmente recebe na conta corrente.

A contabilidade tem como um dos seus princípios um conceito muito similar a isto que vimos anteriormente. O princípio da prudência determina que ao mensurar um ativo, devemos optar pelo menor valor, e, para um passivo, devemos considerar o maior valor.

Dessa forma, chegamos na quarta lei da educação financeira: "Na dúvida sobre algum valor ou na hora de fazer uma conta rápida, para os gastos, use o fator de segurança positivo, ou seja, arredonde-os para cima, e, para as receitas, use o fator de segurança negativo, ou seja, arredonde-as para baixo".

Capítulo 8: A Quinta Lei da Educação Financeira: Inércia Financeira

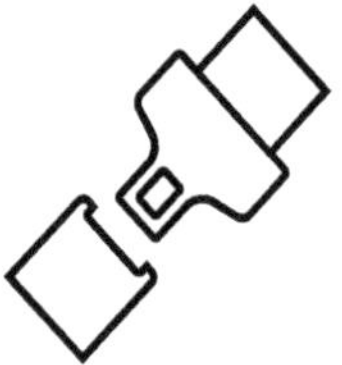

Quando trouxe a primeira lei da educação financeira, fiz o paralelo com a Primeira Lei de Newton, que também é chamada de lei da inércia. Para a quinta lei da educação financeira, usarei mais uma vez a Primeira Lei de Newton para o paralelo.

Conforme vimos, a Primeira Lei de Newton diz que a tendência dos corpos, quando nenhuma força é exercida sobre eles, é de permanecer em seu estado natural, em repouso ou de movimento retilíneo uniforme. Esse estado natural só é modificado caso novas forças sejam aplicadas sobre ele. Este é o conceito da inércia.

Podemos definir a inércia como uma propriedade da matéria que mede a resistência que um corpo oferece ao ser acelerado. Em outras palavras, a inércia é a tendência natural de não se alterar o estado de movimento de um objeto. O que está em repouso tende a ficar em repouso e o que está em movimento tende a ficar em movimento.

Por exemplo, vejamos o caso de passageiros dentro de um veículo. Quando este é freado, os passageiros tendem a se manter em movimento, sendo jogadas para frente. É por isso que instrumentos como o cinto de segurança foram criados.

Visto que a inércia representa a tendência de algo permanecer como está, vejamos o paralelo que pode ser feito com as finanças. Por exemplo, para sair do cenário de dívidas, uma pessoa precisa mudar seus hábitos e replanejar seus gastos. Se nada for feito, e continuar num cenário de desequilíbrio financeiro negativo, conforme vimos na primeira lei, a pessoa continuará endividada.

No caso do hábito de poupar e investir, a inércia também acaba aparecendo. De acordo com um estudo da Confederação Nacional de Dirigentes e Lojistas (CNDL) e do Serviço de Proteção ao Crédito (SPC Brasil) sobre como os brasileiros poupam dinheiro, 65% dos brasileiros usam a Caderneta de Poupança para guardar dinheiro, seguidos de pessoas que deixam dinheiro em casa (25%), pessoas que deixam dinheiro na conta corrente (20%), pessoas que investem em fundos de previdência privada (8%) e pessoas que investem no Tesouro Direto (8%).

Tanto as pessoas que guardam dinheiro em casa quanto as pessoas que deixam dinheiro na conta corrente já estão fazendo algo muito importante que é guardar dinheiro, porém, em ambos os lugares, a pessoa deixa de aproveitar o efeito das rentabilidades, e, mais do que isso, podem estar perdendo poder de compra, por conta da inflação.

A inflação pode ser defina como o aumento generalizado nos preços. Produtos, serviços e até os salários são reajustados ao longo do tempo. Na nossa economia, a tendência é que estes preços vão aumentando ao longo do tempo. Então, uma pessoa que deixa dinheiro em casa ou na conta corrente por um determinado tempo, continua tendo este valor, mas não conseguirá mais consumir as mesmas coisas que consumia antes. Uma das primeiras metas de se investir é pelo menos preservar o tal do poder de compra.

E como vimos anteriormente, os investimentos seguem a relação Risco x Retorno. Ou seja, investimentos com menor risco possuem retornos esperados mais baixos, enquanto os investimentos mais arrojados podem trazer retornos maiores. No caso de poupar, caso o motivo do dinheiro guardado seja para uma reserva ou para objetivos de curto prazo, é natural que o risco seja mais baixo, mas, mesmo dentre os investimentos de risco mais baixo, existem aqueles que possuem retornos melhores.

Esta comparação de investimentos de menor risco pode ser feita entre os títulos de renda fixa. Como já vimos, ela engloba desde a Caderneta de Poupança, títulos de banco, até os títulos do Tesouro Direto.

Conforme mostra a pesquisa, a Caderneta de Poupança é a grande favorita dos brasileiros, porém, para mesmos níveis de risco, ela pode não ser a melhor opção, perdendo muitas vezes para o Tesouro Direto e, em alguns momentos, perdendo até para a inflação. Mas o que explica esta grande preferência pela Poupança? A inércia financeira!

Muita gente não sabe, mas a Caderneta de Poupança surgiu em 1861, concebida pelo imperador D. Pedro II. O objetivo dela, naquele momento, era de remunerar depósitos com juros de 6% ao ano sob garantia do governo. Era uma modalidade que possibilitava que pessoas de baixa renda pudessem investir. As regras da Poupança mudaram ao longo do tempo, mas o conceito continua sendo o mesmo: um investimento conservador, que permite aportes de qualquer valor, disponível em quase todos os bancos. Em outras palavras, é um investimento cultural.

Na sua estrutura atual, a Poupança tem grandes vantagens, como a possibilidade de saque a qualquer momento, ser isenta de taxas e impostos. Em 2012, a remuneração da Poupança passou a ser determinada em função da taxa básica de juros, a Selic. Para Selic com meta anual acima de 8,5%, a remuneração é de 0,5% ao mês, já para Selic com meta anual inferior a 8,5%, a remuneração é de 70% do valor estabelecido como meta da Selic. Como a Selic está sempre positiva, a Poupança não gera perdas nominais, mas, muitas vezes, descontando a inflação, ela pode gerar a chamada perda real, que significa que a pessoa acabou perdendo poder de compra no período.

Além da possibilidade da perda real, aparece também a perda de oportunidade, que seria o deixar de ganhar dinheiro que se ganharia aplicando o mesmo valor em investimentos similares.

Um destes investimentos é o Tesouro Direto, que foi criado no Brasil em 2002, pelo Tesouro Nacional. O programa possui o intuito de democratizar a compra e venda de títulos públicos federais por pessoas físicas através da internet. Estes títulos, que podem ser adquiridos com aplicações a partir de R$ 30 (ou seja, também são acessíveis), são 100% garantidos pelo Tesouro Nacional, o que os torna os investimentos mais seguros do país (mais seguros, inclusive, que a própria Poupança). Existem diferentes tipos de títulos, e um deles, em específico, o Tesouro Selic, é muito similar à Poupança, com a diferença que ele tem como rentabilidade o valor da Selic meta. E, mesmo com a incidência do imposto de renda sobre os ganhos, é muito comum que ele ganhe da Poupança.

Além do Tesouro, alguns títulos bancários, como é o caso dos Certificados de Depósitos Bancários (CDB's) podem ser encontrados em bancos e corretoras muitas vezes com liquidez diária e com rentabilidade próxima de 100% do Certificado de Depósito Interbancário (CDI). O CDI é o nome dado aos empréstimos que os bancos fazem entre si. Por determinação do Banco Central, os bancos devem fechar o dia com saldo positivo, logo, caso estejam com saldo negativo, devem emprestar dinheiro de outros bancos. E a taxa que os bancos usam para estes empréstimos é a taxa DI, que é uma taxa diária calculada pela Bolsa de Valores, a B3, a partir de operações que foram feitas no dia. A partir desta taxa, são calculadas médias mensais e anuais do CDI, considerada para o rendimento dos investimentos. E uma característica da CDI é que ela caminha muito próxima a própria Selic. Ou seja, quando um investimento de liquidez diária rende

100% do CDI, ele tem como remuneração o próprio valor da taxa, que, em boa parte do tempo, tende a ganhar da Poupança.

Em relação à segurança destes títulos, eles acabam tendo o mesmo nível da Poupança, visto que, os bancos são os responsáveis por ambos. E, uma vez que o banco está devidamente autorizado a funcionar pelo BACEN, ele acaba aderindo ao Fundo Garantidor de Crédito (FGC), que é uma entidade privada e sem fins lucrativos que protege os investidores que colocam dinheiro em instituições financeiras associadas a ele. A proteção acontece nos casos de intervenção e liquidação extrajudicial, o que faz com que o fundo garanta a devolução de até R$ 250 mil por CPF, por instituição.

Ou seja, tanto o Tesouro quanto alguns outros títulos de renda fixa possuem muita similaridade com a Poupança, quanto aos riscos, e podem render mais. Então, o que acaba explicando a preferência de muita gente em guardar dinheiro na Poupança, ou ainda pior, em casa ou na conta corrente é a inércia, ou seja, a tendência natural de permanecer onde está. Vários motivos justificam isso, como a comodidade, o medo do desconhecido e até a falta de educação financeira. É esta última que ajuda no processo de sair da inércia natural.

Dessa forma, chegamos à quinta lei da educação financeira: “Busque sempre desenvolver a sua educação financeira de forma a sair do estado de inércia financeira”.

Conclusão: Como aplicar as leis da Educação Financeira?

Chegamos aqui, portanto, nas cinco leis da educação financeira. Recapitulando, temos:

1ª Lei – Equilíbrio Financeiro

2ª Lei – Entropia Financeira

3ª Lei – Lei da Transformação

4ª Lei – Fator de Segurança Financeiro

5ª Lei – Inércia Financeira

Na teoria estas leis podem fazer muito sentido e até serem óbvias, porém o grande desafio é como aplicá-las na prática. Para isso, entenda o papel dos hábitos e comportamentos e passe a exercitar cada uma delas, até que se tornem algo praticamente automático em sua vida.

Não importa o quanto você ganha, mas sim o como você gasta. Cuide muito bem do seu dinheiro hoje, pois um dia, será ele quem cuidará de você!

Leituras Complementares

- Rápido e Devagar: Duas Formas de Pensar - Daniel Kahneman
- Nudge: Como tomar melhors decisões sobre saúde, dinheiro e felicidade – Richard H. Thaler e Cass R. Sunstein
- O Poder do Hábito – Charles Duhigg

www.ingramcontent.com/pod-product-compliance
Ingram Content Group UK Ltd.
Pitfield, Milton Keynes, MK11 3LW, UK
UKHW021938190726
13853UKWH00004B/1522

9 786526 602980